DE LA POSITION

DES PARTIS

TELLE QUE L'A FAITE

LA RÉVOLUTION DE 1830.

NANTES.

IMPRIMERIE DE BUSSEUIL ET C.ie
Près de la Bourse, passage du Commerce.
1831.

PRÉVISIONS DES CATHOLIQUES.

Presque toujours, avant les époques marquées par des bouleversements et des crises violentes dans la société, des voix prophétiques s'élèvent pour annoncer aux peuples les malheurs qui les menacent. La classe nombreuse d'hommes accoutumés à fermer les yeux sur la liaison qui existe entre les doctrines et les révolutions qu'elles amènent, attribue d'abord à la peur des craintes fondées sur des causes qu'elle n'aperçoit pas, et se renferme, en pleine sécurité, dans son ignorance et son inertie, comme s'il suffisait de ne pas voir le danger pour l'éviter. Vient un moment pourtant où de vagues pressentiments, un malaise inconnu justifient les avertissements, et l'on commence à se défier un peu moins des prédictions du génie. C'est qu'il y a, dans les peuples, un instinct irréfléchi, mais infaillible, qui se réveille lorsque le principe d'où doit sortir la catastrophe s'est développé et accru de telle sorte que son action se produit au dehors, comme je ne sais quelle puissance invisible et sinistre.

Ainsi avait été prévue la révolution de 1830 ; ainsi les prévisions avaient été traitées d'exagérations ; ainsi, plus tard, des symptômes évidents l'ont annoncée.

Soyons attentifs ! ne sortons pas du passé pour envisager l'avenir. Étudions l'un pour connaître l'autre. Notre marche est toute tracée. Il existe, depuis plusieurs années, une histoire prophétique des événements qui viennent d'avoir lieu. Sans doute celui qui la traça connut les véritables causes qui ont produit les résultats que nous voyons. Remettons encore une fois ces causes devant les yeux de nos lecteurs. C'est la seule manière de juger des effets. Peut-être aussi ne saurions-nous, sans cette examen, nous faire une idée juste de nos droits, dans l'exercice desquels consistent nos devoirs.

Toutes les discussions philosophiques et politiques auxquelles on s'est livré depuis quinze ans, ont eu pour but de résoudre cette question : *Où est la souveraineté ?* Les diverses opinions qui ont partagé les esprits depuis cette époque, quelles que fussent leurs modifications et leurs nuances, se divisaient en deux classes principales, le royalisme et le libéralisme. Ainsi, deux solutions. Les royalistes sincèrement convaincus de la nécessité d'un pouvoir pour maintenir l'ordre dans la société, soutenaient que le Roi était investi, de droit divin, d'une souveraineté inamissible, et qu'il devait réclamer, de la part de ses sujets, obéissance et soumission sur tout ce qui lui plaisait d'exiger d'eux. Non moins persuadés de la nécessité de la liberté dans les peuples, les libéraux, qui ne niaient pas que la souveraineté ne résidât en Dieu, mais qui contestaient le mode de communication par lequel cette souveraineté se transmet au pouvoir humain, c'est-à-dire, qu'ils n'admettaient pas qu'un pouvoir pût être investi sur la terre d'un droit divin, les libéraux soutenaient qu'on ne devait obéir au Roi que tant qu'il maintenait la liberté et les lois qui la garantissent; et comme les lois ne sont, selon eux, que l'expression de la volonté générale, et la volonté générale que l'assemblage des volontés particulières, ils finissaient par proclamer en fait et en droit la souveraineté individuelle.

La révolution française déposa dans la masse de la nation le germe de ces deux doctrines. Pour comprendre leurs développements et leurs progrès, il faudrait remonter jusqu'à l'époque où Louis XIV s'affranchissant de la loi divine qui subordonnait sa puissance à la puissance spirituelle, substitua un droit purement humain à celui qu'il tenait de Dieu, et consacra ainsi l'athéisme social. On n'a pas encore assez remarqué tout ce qu'entraîna de calamités une semblable violation des lois fondamentales de toute société. Qui ne serait frappé cependant de l'impuissance et de l'absolue incapacité dans laquelle tombe le pouvoir, lorsque le souverain a, par sa faute, fait perdre à ses peuples l'idée de la souveraineté légitime ? Ni les vertus personnelles, ni la bonté, ni la douceur, ni les concessions, ni même les violences, ne sauraient lui rendre cet ascendant magique qui ramenait tous les cœurs et toutes les volontés au pied de son trône. On sait tout ce qui s'est passé, en France, depuis l'époque dont nous parlons. Malheur aux princes à qui ce terrible enseignement n'apprendrait pas que le souverain, une fois dépourvu de ce prestige sacré que la Divinité répand sur le front de celui qui la représente, baisse vers la terre, se rapetisse aux yeux des peuples, et.se réduit, pour ainsi dire, aux simples proportions d'un homme ordinaire, désormais sans droit à l'obéissance des autres hommes.

Ainsi, un pouvoir brise-t-il la loi d'ordre en vertu de laquelle il gouverne, et sort des limites que Dieu lui a assignées ; ce pouvoir n'est plus que la force, de là le despotisme. Mais, à la longue, cette force échappe à l'homme, et Dieu permet qu'elle passe dans le peuple, de là l'anarchie.

Buonaparte comprima, sans les étouffer, ces éléments divers. Il sut, du moins pendant un temps, se concilier les partisans du pouvoir absolu. Quant à ceux de la liberté, il les éblouit par des récompenses et des triomphes militaires. A la chûte de cet homme, et lorsqu'on songea à donner à la France des institutions en harmonie avec l'état des esprits, on regarda comme une nécessité de satisfaire aux exigences des deux partis. La Royauté, que l'on aurait pu supposer plus instruite des véritables causes qui avaient amené les catastrophes dont elle avait été la première victime, fit un grand sacrifice à l'esprit encore vivant de la révolution, en accordant à la démocratie la souveraineté de fait; et, toutefois, elle crut se réserver, sous des termes ambigus, un moyen de ressaisir le pouvoir, et voiler sous l'apparence d'une concession ce qui n'était qu'une reconnaissance de sa part. Ainsi l'ancienne Charte proclamait en fait la démocratie souveraine, représentée par les deux chambres. Le ministère, nécessairement imposé par elles, venait en seconde ligne. La Royauté n'était plus qu'une fiction.

Mais comme il fallait que dans ce pacte de famille, comme on l'appelait, tous les intérêts fussent représentés, de spécieuses maximes sur la puissance du souverain et la prérogative royale, donnèrent lieu à une seconde interprétation à laquelle s'attachèrent exclusivement les partisans du pouvoir absolu. De là, deux tendances en sens inverse. Les libéraux, forts de l'esprit de la Charte, faisaient tout découler de la nation; c'est-à-dire des chambres, et, passant par les ministres, arrivaient jusqu'au Roi. Les royalistes, se tenant fermes sur la lettre de la Charte, faisaient tout remonter au Roi pour aboutir aux chambres. Mais les premiers ayant pour eux toute la force du fait, on put prédire alors ce qui devait infailliblement arriver et ce qui vient d'avoir lieu, que la démocratie renverserait tôt ou tard le pouvoir absolu et par conséquent sa seule base, la Royauté.

Il s'en suivait que le libéralisme, demandant toutes les conséquences de la Charte, c'est-à-dire, des loix essentiellement républicaines, les demandait avec tout l'avantage de la logique. Mais les principes démocratiques n'étant pas nettement posés dans la Charte, et ne pouvant être mis à découvert que par le développement pratique des institutions, la Royauté résistait autant qu'il était en elle, aux exigences du libéralisme. De là, des aigreurs, des mécontentements, des accusations de mauvaise foi dirigées contre elle et ses partisans. D'un autre côté, forcée de céder à l'esprit des institutions qui la dominait malgré elle, la Royauté s'aliénait journellement les plus chauds défenseurs du pouvoir absolu, qui n'entrevoyaient pas ou ne voulaient pas entrevoir toutes les conséquences du pacte fondamental. Et, pour le dire en passant, un des plus curieux spectacles offert sous la restauration, a été de voir des royalistes passer dans les rangs des libéraux sous prétexte que le roi ne faisait pas assez pour la Royauté. Ainsi le parti libéral qui avait déjà pour lui la force du fait, la force des institutions, eut bientôt celle de l'opinion, des intérêts, de toutes les passions.

Le choix d'un ministère aggravait toujours l'embarras de la Royauté. Chaque pas que la restauration a fait vers l'abîme où elle s'est perdue sans retour, a été marqué par la formation d'un nouveau conseil. La création d'un ministère était toujours, de la part de la Royauté, ou le résultat de la nécessité de céder, ou le résultat de la nécessité plus pressante de ne céder pas. L'alternative se représentait toujours : ou il fallait accepter le ministère qu'imposaient les chambres, ce qui ressortait de la nature du gouvernement, mais ce qui précisément la conduisait à la république ; ou se roidir contre la volonté des chambres, en prenant un ministère en opposition avec elle, et par conséquent en faisant violence à la Charte. C'est là ce qui explique cette sorte de phénomène politique, de voir un ministère royaliste avec des chambres libérales. Mais telle était la position de la royauté qu'une révolution était inévitable, soit qu'elle voulût sortir de la Charte, soit qu'elle voulût y rentrer franchement. Ce dernier parti était le plus sûr cependant, parce qu'il était le plus naturel. Le tort du pouvoir a été de n'avoir pas compris que bien qu'on pût apporter quelquefois une résistance efficace à une attaque partielle, il naissait du principe même des institutions une attaque permanente et constante qu'il ne faisait que fortifier en s'y opposant. Pressé des deux côtés par le libéralisme qui s'efforçait de le renverser, et par les royalistes qui le poussaient à des mesures de vigueur, le dernier ministère de la restauration, eût-il eu des volontés, des doctrines à lui, était contraint de les abandonner, de se réfugier dans le *statu quo*, en même temps qu'il avait à résister aux uns et à se justifier auprès des autres de son inaction. Mais il fallait tôt ou tard sortir de cette inertie, et il ne le pouvait que par un usage excessif de sa propre force, s'il ne voulait succomber à la force opposée. Un ministère de l'extrême gauche aurait été mille fois moins funeste. Car, puisque la révolution était inévitable, elle se serait du moins opérée d'une manière légale. On serait arrivé au même résultat que nous voyons, mais sans secousse et sans effusion de sang, par la seule force des choses. Ce fut, il y a quelques mois, lorsqu'on vit l'obstination de la Royauté, que l'on dût s'attendre, et on s'y attendit, à une crise prochaine et sanglante.

Tels sont les motifs sur lesquels étaient fondées les prévisions des écrivains catholiques et ceux de leur séparation ouverte avec les royalistes dans lesquels ils reconnaissaient moins de mauvaises intentions qu'un déplorable aveuglement. Mais, avant tout, il fallait sauver la foi, doublement compromise, comme nous ne tarderons pas à le voir, par ceux qui voulaient la mettre en contact avec des intérêts de parti.

Il n'est pas douteux que cette discussion à laquelle ils se livrèrent les premiers, ne fût toute à l'avantage du libéralisme, en tant qu'elle montra les véritables principes des institutions, qu'elle en dévoila l'esprit et les conséquences, en même temps qu'elle renversa tout cet échaffaudage d'illusions et de vieux souvenirs que les royalistes faisaient servir de base à leurs théories. Il est juste de dire aussi que les écrivains libéraux les plus distingués se montrèrent reconnaissants des services que les catholiques avaient rendus à leur cause, en demandant généreusement pour eux et pour leur culte, toutes les libertés que d'autres auraient voulu leur refuser et que la Charte accordait à tous indistinctement.

C'est maintenant le lieu d'examiner la doctrine à laquelle s'attachèrent les catholiques, et qu'ils proclamèrent en dehors des deux autres, pour rallier à eux tous les hommes de bonne foi, fatigués de chercher dans des maximes contraires des garanties de paix et de stabilité. Après avoir découvert dans les principes mêmes des institutions, et ne pouvant apercevoir que là, la cause des désordres qui déchirent la société, les écrivains catholiques comprirent que ni le royalisme, ni le libéralisme ne sauraient réaliser aucun ordre social stable : le premier, parce que soumettant les peuples à la volonté arbitraire d'un homme qu'il déclarait affranchi de toute

loi spirituelle extérieurement obligatoire, il consacrait et la tyrannie et la servitude ; le second,
parce que niant qu'un pouvoir humain pût être
investi d'un droit dérivé de Dieu même, et forcé
de ne reconnaître d'autre souveraineté que la
souveraineté individuelle, il créait autant de sou-
verainetés qu'il y a d'individus, et par cela même
consacrait l'anarchie. Toutefois, ces mêmes écrivains observèrent dans l'un et dans l'autre, les
deux éléments du seul ordre social possible, le
pouvoir et la liberté, dont l'alliance forme l'ensemble de la société telle que le christianisme
l'avait conçue et réalisée. Ils démontrèrent avec
toutes les puissances du raisonnement, et, au
besoin, par l'autorité de la tradition, que l'église,
seule dépositaire de la souveraineté divine et gar-
dienne de la loi immuable de justice universelle,
prescrivait, au nom de Dieu, l'obéissance au
pouvoir qui vient de lui * ; et maintenait dans les
peuples la liberté, en obligeant ce même pouvoir à
régner selon la justice ; c'est-à-dire, qu'entre le
pouvoir et la liberté et au-dessus d'eux, il y avait,
pour faire entendre toute notre pensée, une loi
divine d'ordre, d'ensemble, d'équilibre, d'unité,
qui oblige le pouvoir à conserver la liberté dans
les peuples, et les peuples à obéir au pouvoir.
Nous disons une loi d'unité, parce que dès que
l'alliance de ces deux choses est brisée, il y a

---

* Progrès de la Révolution, p. 203.

désordre, séparation, et dès-lors l'unité disparaît. Or, ôtez cette loi, l'unité est détruite de deux manières : 1.º lorsque le pouvoir dégénère en despotisme ; 2.º lorsque la liberté dégénère en rebellion ; qu'enfin, l'église seule maintient le pouvoir et la liberté dans les bornes qui leur sont fixées à chacun, et sanctionne ainsi leur alliance.

Mais observant que la société ne saurait remonter immédiatement à l'état chrétien avant que les doctrines qui se combattent dans son sein aient fait leur cours et aient produit leurs fruits, ils demandèrent la séparation entière de l'église et de l'état, séparation à laquelle se refusait le despotisme qui ne voulait pas perdre dans la religion un instrument de politique, et que repoussait également le libéralisme qui espérait la détruire plus facilement lorsqu'il serait maître de l'état. Ils réclamèrent donc, tour à tour, avec et contre le libéralisme, toutes les libertés qui découlaient naturellement de la Charte, soit pour défendre l'église contre ses attaques, soit pour la soustraire à la protection oppressive du despotisme.

ERREUR DES ROYALISTES.

Après avoir justifié la manière dont les écrivains catholiques avaient envisagé les suites inévitables des principes posés dans les institutions, et de ceux qui avaient déterminé la marche du gouvernement, voyons successivement qu'elles étaient les illusions des royalistes et celles qui pourraient égarer encore les libéraux. Cet examen est nécessaire pour jeter quelque jour sur l'avenir des partis et pour prévoir avec quelque certitude ce qui doit arriver.

D'abord, nous sentons le besoin de nous expliquer franchement avec les royalistes. Et nous aussi, nous ne sommes pas restés étrangers aux émotions qui ont déchiré et qui déchirent encore leur ame. Qu'ils ne nous accusent pas d'insensibilité ; mais le coup qui les a terrassés, nous avions sur eux l'avantage d'y être depuis long-temps préparés. Peut-être aussi, portons-nous nos espérances un peu plus haut qu'un trône, et plus loin que les destinées de la terre. Et ce n'est qu'après nous être assurés que leurs doctrines ne sauraient s'allier avec les doctrines sociales du christianisme, que nous nous sommes séparés de bonne heure de ce qui est sujet à tomber, pour nous attacher à ce qui ne passe pas. Profondément convaincus que leurs maximes n'ont pas moins été funestes aux peuples que les maximes du libéralisme, nous leurs prouverons du moins, en les combattant, que des adversaires ne sont pas des ennemis.

Quels que soient, en France, les différents partis et leurs diverses nuances, tous se réunissent dans un vœu commun qui est l'ordre. A l'exception d'un petit nombre d'êtres pervers qui veulent le crime pour le crime seul, et qui s'efforcent de réaliser sur la terre l'image de de l'enfer, tous appellent l'ordre, c'est-à-dire, le règne de la justice, mais ils diffèrent dans les moyens d'arriver au but.

Les anciens royalistes qui ne conçoivent l'ordre qu'avec un chef investi d'une autorité illimitée, voyant dans la Charte que le Roi était le chef suprême de l'état, qu'à lui seul appartenait la puissance exécutive, etc., en conclurent que le Roi était le souverain.

La plupart, attachés de cœur à la religion qu'ils regardaient d'ailleurs comme un frein salutaire entre les mains de l'autorité pour maintenir l'obéissance dans les peuples, voyant dans la Charte que la religion catholique était la religion de l'état, en conclurent que l'état avait une religion.

Effrayés, et avec raison, de l'impunité avec laquelle la licence et la corruption se propageaient en France, non moins épouvantés des idées de liberté et d'indépendance que la presse répandait de toutes parts, ils poussèrent le pouvoir à des mesures de répression qui, comme nous l'allons voir, n'étaient rien moins que le despotisme.

Ils regardèrent, du reste, la Charte comme un texte susceptible de recevoir les interprétations les plus opposées, et ils en conclurent que le gouvernement devait s'efforcer de donner à nos institutions une application pratique dans le sens du pouvoir absolu, sans songer que cette interprétation arbitraire pouvait tourner contre eux-mêmes.

Ils ne virent pas qu'un état qui reconnaît et qui salarie plusieurs religions opposées, par cela même, n'en reconnaît aucune comme vraie et se déclare athée ; que par ces mots *religion de l'état*, on ne pouvait entendre autre chose sinon que la religion catholique était celle de la majorité des français, comme l'exprime l'article 6 de la Charte de 1830, qui n'est que la traduction légale du premier. Mais ce qu'ils virent bien et ce que le libéralisme, qui avait ses raisons pour les appuyer, ne vit pas moins clairement, c'est qu'en déclarant la religion catholique, religion de l'état, ils mettaient la religion et l'église à la disposition du gouvernement et du prince, et établissaient ainsi d'une autre manière l'athéisme social, en constituant le souverain temporel chef de l'ordre spirituel, c'est-à-dire, qu'ils remontaient ainsi au pouvoir absolu galli-can, en faisant de la religion une chose qu'on administre et entièrement dépendante du pouvoir civil. En sorte que le pouvoir qui préten-dait tenir toute sa force de la religion, en retour, la détruisait de deux manières, d'abord par sa propre oppression, et, en second lieu, en sou-levant contre elle toute la masse libérale ou la majorité qui ne voyait en elle que l'instrument du despotisme.

Ils ne virent pas que dans un état qui regarde toutes les religions comme indifférentes, qui ne professe aucune doctrine et déclare libres toutes les opinions, le pouvoir renonce à tout droit sur les intelligences et la conscience, qu'il ne s'étend qu'aux actes, en d'autres termes, qu'il n'est qu'un pouvoir matériel. Confondant sans cesse la foi, les croyances, les opinions per-sonnelles du prince avec celles du gouvernement, ils voulaient opposer des baïonnettes aux intel-ligences, des gendarmes à des doctrines. Et quand on leur demande de quel droit le pouvoir emploirait ces moyens terribles, ils répondent tranquillement et de la meilleure foi du monde, qu'un roi, qu'un gouvernement a le droit de tout faire pour le maintien de son trône et de son autorité; qu'il peut recourir à la violence contre des sujets rebelles qui oseraient penser autrement que lui. Ici, nous nous plaisons, à faire remarquer la distance immense qui sépare les hommes de leurs doctrines, et ce que, à la longue, les doctrines font des hommes. Oui, ce sont des hommes religieux, des hommes d'honneur, des hommes de paix qui tiennent ce langage ! Je le demande : n'est-ce pas là organiser la plus exécrable tyrannie ? Et cette force aveugle, brutale, stupide, qu'ils redoutent tant dans le peuple, n'est-ce pas la concentrer toute entière entre les mains d'un seul ?

Ils ne virent pas qu'il n'y avait aucune régénération à espérer pour la société, avant que les éléments d'erreur qui déchirent son sein fussent complétement dissous. Au lieu d'invoquer la liberté pour eux-mêmes, ils appelèrent la force. Il faut être juste : leurs doctrines les poussaient au despotisme, ils demandèrent le despotisme. Imprudents ! vous connaissiez bien peu votre fragilité. Vous vous croyez le bras assez sûr pour tenir ce sabre, sans crainte de le voir tomber en d'autres mains. Il a été brisé dans les vôtres. Et maintenant, vous accusez la liberté de la presse d'avoir fait la révolution ! Mais la presse, c'est l'opinion publique, c'est la Charte aussi. Y verriez-vous autre chose que ce besoin de vérité, de justice, de liberté, qui tourmente les peuples et se manifeste forcément au-dehors ? Et, après tout qu'a renversé la presse si ce n'est votre despotisme? Elle a renversé un trône, dites-vous; oui, mais un trône que vous aviez égaré. A-t-elle renversé l'autel? Eh bien! venez maintenant autour de cet autel, le défendre avec nous, avec la seule arme qui vous reste. La presse a fait la révolution, soit. Mais qui a fait le calme après? Celui qui écrit ces lignes vient de parcourir des provinces éloignées du mouvement de la politique et du centre des partis. Il a rencontré des royalistes qui vivent de vieux sentiments et de vieux souvenirs; des libéraux ou de prétendus libéraux qui n'entendent d'autre liberté que celle du bonnet rouge et celle dont on crayonnait les portes des cachots en 93. Le moindre souffle ferait éclater l'explosion. Il le dit avec une profonde conviction, et ne craint pas d'être démenti par ceux que l'expérience a instruits : on n'en serait pas là dans certaines provinces, si la presse avait pu y développer toute son action.

Mais voyez l'inconséquence! Cette liberté qui a fait la révolution, disent-ils, plusieurs d'entr'eux la réclament maintenant aussi hautement que nous. Et qu'y a-t-il de changé, je vous prie? quelles sont les doctrines, les croyances de l'ancienne Charte que la nouvelle ait abjurées? Si, sous l'empire de la première, le pouvoir avait droit de police sur les intelligences, à coup sûr le pouvoir l'a encore aujourd'hui. A l'exception près de quelques articles dont la suppression ou la modification rend maintenant impossible l'interprétation à laquelle ils s'attachaient, je ne vois rien dans la Charte de 1830, si ce n'est les développements nécessaires de la Charte de 1815, développements qui la mettent en harmonie avec l'état actuel des esprits. Comme celle-là, celle-ci consacrait la démocratie ; elle consacrait l'indifférence religieuse, par conséquent aussi la liberté intellectuelle, puisque évidemment une loi athée ne peut rien sur ce qui est intelligent.

Cependant, puisque certaines personnes se font encore quelques difficultés à cet égard, ne craignons pas d'insister sur cette question ; elle est vitale aujourd'hui. Pour se faire une idée juste de ce que doit être et de ce qu'est en effet la liberté de la presse dans une société telle que la nôtre, il ne faut pas perdre de vue que le gouvernement n'ayant aucune doctrine avouée, et prétendant se constituer sur la négation de toute doctrine, chaque doctrine doit tendre à s'emparer du gouvernement, à dominer les autres, et par conséquent, à prévaloir dans la société. Cela arrivera inévitablement toutes les fois qu'on essaiera de fonder un pouvoir quelconque sur l'anarchie des esprits. La liberté de la presse, entendue dans le sens le plus large et le plus étendu, n'est donc autre chose que la libre discussion des doctrines. Nous viendrons tout à l'heure aux abus qui en résultent, ou, si l'on veut, aux ravages qu'elle a faits.

Or, nous soutenons que la libre discussion a toujours été permise sous tous les gouvernements; que l'autorité, seule juge des doctrines, a le droit de prononcer entre la vérité et l'erreur, une fois que la discussion a eu lieu. Osera-t-ón dire qu'un pouvoir qui ne reconnaît, comme vraie ou comme fausse, aucune doctrine, indifférent au juste et à l'injuste, un pouvoir athée, est juge des doctrines? Et qui lui aurait donné ce droit sur les intelligences? Hors de cette loi éternelle de justice, de vérité, qu'il méconnaît, qu'il brise, qu'il foule aux pieds, que peut-il professer autre chose que le néant? Le néant a-t-il des droits? Si un ministère peut imposer la censure, évidemment un autre ministère le peut aussi. J'admets que le ministère d'aujourd'hui ait vôs doctrines, le ministère de demain les partagera-t-il? La vérité d'aujourd'hui, demain sera donc üne erreur !

Venons aux abus. Ces abus consistent principalement dans des personnalités outrageantes, dans des diffamations répandues par les journaux contre quelques membres du clergé. Assurément, il y a là de quoi gémir, et ce n'est pas nous qui verrons de sang-froid les attaques contre la religion, et ses ministres calomniés, traînés indignement devant l'opinion publique. Mais nous disons que c'était au clergé à protester le premier; que la même arme qui avait servi pour l'agression, il fallait l'employer pour la défense.

Nous dirons qu'il y a des temps et des temps; qu'à une époque ou le clergé faisait partie de l'état et était entouré de la vénération universelle, il devait répondre par le silence à des attaques impuissantes et portées dans l'ombre. Mais il n'en est plus de même aujourd'hui. Rien ne relève le prêtre aux yeux du simple citoyen que la loi proclame son égal. Au lieu d'appeler ses diffamateurs au grand jour de la publicité, qu'a fait le clergé? Il s'est tû d'abord, et s'en est pris ensuite à la liberté de la presse tout entière que, dans ses mandements politiques, il représentait comme la grande plaie de l'époque. Il en est résulté deux inconvénients graves : en premier lieu, son silence a justifié aux yeux de certaines gens les accusations dirigées contre lui ; il a prouvé, secondement, qu'il ignorait et son temps et la société. Il n'a su ni parler ni se taire à propos.

Mais on insiste et l'on dit : « Nous ne pouvons « demander la liberté que pour la vérité ; pour « l'erreur, nous ne le pouvons pas. » Plaisant scrupule ! Et qui sera juge dans l'état, de la vérité et de l'erreur ? La liberté, vous l'avez de droit divin; vous ne la demandez pas; vous ne faites que contester au pouvoir le droit de vous l'enlever. Non-seulement elle est légale, elle est encore légitime. Ne confondez pas ici la liberté avec le droit. Aux yeux de Dieu, nul n'a le droit de professer l'erreur, puisque chacun doit connaître certainement la vérité; mais chacun en a la liberté, puisque Dieu lui a laissé le choix entre la vérité et l'erreur. Aux yeux d'un pouvoir purement humain, qui ne saurait être investi d'aucune souveraineté sur les intelligences, chacun a la liberté et même le droit de professer l'un et l'autre. Soutenez le contraire, l'état se fait juge des doctrines; il se fait Dieu; il va plus loin même, il arrache à l'homme une liberté que Dieu lui a donnée.

Ici, nous supplions de toutes nos forces les royalistes, les chrétiens de rentrer dans leurs consciences, et là, devant Dieu, de se demander si un pouvoir peut descendre jusqu'à ce monstrueux excès. Qu'ils conçoivent, s'il se peut, tout ce qu'a de dégradant une doctrine qui étend le despotisme jusque dans des ames, et, puisqu'il faut le dire, dans des ames que Jésus-Christ a rachetées de son sang, qu'il a rendues libres et indépendantes de toute loi qui n'est pas sa loi sainte, sa loi juste, sa loi immuable; combien est dérisoire et cruel à la fois le langage qu'on tient à tout un peuple : Vos personnes, vos biens, vos fortunes seront libres, mais vos intelligences seront aux fers : vous penserez comme nous, ou bien vous ne penserez pas ! Royalistes, chrétiens, voyez ce que vous avez fait. Détournez un instant vos yeux du présent, de l'avenir, et de toutes les images qui vous préoccupent dans le lointain. Encore une fois, voyez ce que vous avez fait, et comprenez vos torts! Apprenez à compter pour quelque chose, ce sentiment, cet indestructible sentiment de liberté qui a soulevé tout un peuple. Désabusez-vous, et ne méconnaissez pas plus long-temps cet instinct de justice que vous vouliez étouffer sous votre pesante oppression. Croyez-moi, là où il y a tant de force et de résistance, il y a encore de la foi. Demandez plutôt à ces croix funèbres plantées sur les places publiques au bruit du canon et aux cris de liberté. Non ce n'est pas de l'hypocrisie, car l'hypocrisie c'est faiblesse, et il y avait là élan et enthousiasme. Sortez de votre engourdissement et de votre peur. Levez les yeux en haut, et voyez-y le doigt de Dieu. *Dieu seul est grand!* a dit un organe du libéralisme. Tout ce peuple ébranlé et étonné de lui-même a entendu cette parole. Serez-vous les seuls pour qui ce terrible enseignement sera perdu, et tant de force et tant de fragilité seront-elles toujours pour vous un mystère ?

ERREUR DES LIBÉRAUX.

Nous avons vu comment les royalistes, en s'attachant exclusivement à la notion du pouvoir absolu, en repoussant au contraire toute idée de liberté, en soumettant les volontés, les intelligences aux volontés d'un seul homme, tendaient à faire de l'état une masse inerte, sans mouvement et sans vie, et avaient ainsi soulevé contre eux cette immense partie de la population, avide de progrès, qui voulait franchement la Charte. Nous avons vu également comment les libéraux en demandant toutes les conséquences de la Charte, tendaient par cela même, à renverser le pouvoir absolu incompatible avec les développements et l'esprit du principe démocratique, base de nos institutions, et qu'ainsi, il s'était établi entre les deux partis une lutte qui ne pouvait finir que par la destruction de l'un ou de l'autre. Nous allons voir maintenant que, de même que les royalistes en s'efforçant de reporter violemment le présent dans le passé, cherchaient vainement un ordre stable dans les maximes du vieux despotisme, les libéraux, en se précipitant sans point d'appui vers un avenir de liberté illimitée, sont conduits directement à l'anarchie. Ainsi ces éléments de toute société durable, le pouvoir et la liberté qui, subordonnés, chacun dans la sphère d'activité qui lui est propre, à une loi supérieure d'ensemble et d'unité, réalisent sur la terre l'ordre social le plus magnifique et le plus complet, dès que l'harmonie est brisée, se séparent, s'entrechoquent, se détruisent violemment l'un par l'autre, et, dès-lors, il n'y a plus de milieu pour les peuples entre le despotisme le plus excessif et l'anarchie la plus effrénée.

Avant d'aller plus loin, remarquons le caractère actuel du libéralisme. Ceci prouvera du moins que, si les hommes alors qu'ils sont dominés par leurs doctrines au point de n'en être plus que l'instrument, sont obligés d'en subir les conséquences les plus funestes, ils s'efforcent du moins, lorsqu'ils sont de bonne foi, de faire ressortir d'un principe bon en soi, tout ce qu'il renferme de sociable et de compatible avec l'ordre. Chaque jour plus épuré, le libéralisme en proclamant la vraie liberté, gravite par cela même vers l'ordre, c'est-à-dire, vers le catholicisme, d'où tout ordre dérive naturellement. Aussi le voit-on maintenant demander généreusement la liberté pour tous indistinctement, pour le prêtre comme pour le simple citoyen, pour la religion catholique comme pour tous les autres cultes. Il ne nie pas non plus le pouvoir, dont il détruit, sans s'en apercevoir, la notion, en ne reconnaissant de pouvoir que celui qui est fondé sur la raison. Le royalisme, au contraire, qui s'obstine à ne concevoir le pouvoir que sous l'idée du despotisme, s'affaiblit et s'use de jour en jour. Et comme il exclut radicalement toute idée de liberté, il s'en faut qu'il soit, en tant que doctrine, aussi complet que le libéralisme qui conçoit à la fois et le pouvoir et la liberté, bien qu'il ignore leur lien commun. Il s'ensuit que le libéralisme est, dans ce moment-ci, bien plus que le royalisme, en rapport avec le grand besoin de la société, qui est la liberté. En ce sens, il est vrai de dire qu'il y a bien plus d'avenir dans cette doctrine que dans celle qui lui est opposée. Et rien n'empêcherait les catholiques de faire alliance avec les libéraux, et cela arriverait très-certainement, si un pouvoir quelconque tentait de fonder sa durée sur la privation des droits et des libertés de tous.

Les faits viennent confirmer ce que nous observons ici dans le libéralisme. Il ne faut pas attribuer à une autre cause le grand nombre de ce qu'on a appelé défections dans le parti royaliste, défections qui se sont surtout multipliées dans les dernières années de la restauration.

Nous savons tout ce qu'ont d'honorable les sentiments qui déterminaient les royalistes à appuyer un ordre de choses auquel étaient liées toutes leurs affections. Mais on ne peut disconvenir que le royalisme n'étouffât jusque dans l'individu tout germe de développement progressif. On ne saurait s'empêcher de reconnaître un progrès réel dans ceux qui, de bonne foi, sans motif de vanité blessée, sans ambition et sans intérêt de parti, sont venus, avec des idées d'ordre et de généreuse liberté, grossir les rangs du libéralisme. Et, si nous remarquons de plus dans le libéralisme aujourd'hui dominant une tendance à se rapprocher des idées religieuses, nous nous convaincrons toujours davantage que l'opinion dont nous parlons renferme un germe de force et de vie, qui doit venir, tôt ou tard, ou se vivifier dans le catholicisme, ou s'éteindre dans l'anarchie. Mais voilà précisément ce qui abuse certains libéraux qui jugent de leurs doctrines, non d'après leurs conséquences rationnelles, mais d'après les idées qu'ils se font d'une liberté légitime et des sentiments d'ordre dont ils ne la séparent pas intérieurement. C'est pourquoi, nous n'en persistons pas moins à soutenir que le libéralisme dogmatique est destructeur de toute souveraineté, de toute religion, de toute croyance commune, et conduit à une irrémédiable anarchie, en posant pour base la souveraineté de la raison individuelle. Et c'est ce que les écrivains catholiques avaient rigoureusement démontré. Dès-lors que chaque individu ne reconnaît d'autre autorité que celle de sa raison, d'autre règle que

ses désirs, d'autre morale que ses intérêts, il
est évident qu'il doit repousser tout ce qui con-
trarie sa raison, ses convoitises, ses passions.
Tout pouvoir devient une usurpation, toute
obéissance, une inconséquence et une lâcheté;
et, les doctrines devant toujours se reproduire
extérieurement dans la société après qu'elles
ont agi suffisamment sur les esprits, on établit
avec l'anarchie intellectuelle, une horrible anarchie politique.

La grande erreur du libéralisme est donc de
s'imaginer qu'il pourra, avec ses doctrines, réaliser un ordre social stable. Il a eu raison pendant
quinze ans, quand luttant avec acharnement
contre le parti du pouvoir absolu, il annonçait,
alors même que son adversaire le croyait vaincu,
qu'il se relèverait et triompherait tôt ou tard.
Certes, il n'avait pas besoin de recourir ni à
l'injure, ni à la violence. Il avait pour lui les
institutions, une majorité toujours croissante et
une partie des intérêts sociaux. Mais la victoire
remportée, son pouvoir se bornait là. Sa puissance a fini sur des décombres. Voyez plutôt ce
qui se passe. Le pouvoir actuel n'a eu en réalité
qu'un instant d'existence; c'est celui où il a impro-
visé un roi et une Charte; et encore n'a-t-il
fait qu'obéir à la force des choses, et, comme
il l'a dit lui-même, à l'impérieuse nécessité. Il
n'a pas fait la société, il l'a prise toute faite.
La Charte actuelle n'est que la *lettre morte* de

la société actuelle. Il fallait de rigueur en sup-
primer ce qu'elle présentait d'équivoque, au
moment où ce qui existait de fictif dans l'état
venait de disparaître, et, sous ce rapport, elle y
a gagné. Mais quelques heures ont suffi à ce grand-
œuvre. Passé ce moment, le pouvoir actuel n'a
rien pu et ne pourra rien. Supposez qu'il veuille
se maintenir par la violence, il tombera dans
la même erreur reprochée au précédent, et
bientôt dans le même abîme. Sans doute, s'il
en avait la volonté, il aurait peut-être assez
de force pour nous assurer le maintien des libertés que nous avons et pour nous donner celles
que nous n'avons pas. Mais il a peur du parti
républicain, c'est-à-dire, du parti de l'anarchie
qui le presse, le domine et qui se grossit tous les
jours des mécontents qu'il fait. Nous voici à la
première phase de la révolution, l'anarchie en
est la seconde. Le libéralisme va se diviser en
autant de fractions qu'il y aura de têtes capables
d'enfanter une théorie. Chacun, en vertu de la
souveraineté individuelle, voudra du pouvoir à
son tour, et comme il ne suffit pas de gouverner,
mais encore de conserver le gouvernement,
chacun viendra sinon avec des idées, du moins
avec des sentiments d'ordre, autant que l'ordre
pourtant pourra se concilier avec les intérêts,
les ambitions, les vengeances à satisfaire avant
tout. Chaque erreur devant faire son cours, comme
nous avons eu le despotisme, nous aurons l'anar-

chie. Le pouvoir était pressé par cette conséquence, il n'a fait que la retarder.

Tout ce que l'on peut, pour le moment, exiger de lui, c'est qu'il n'apporte aucun obstacle au développement naturel des institutions. Nous avons et nous ne saurions avoir autre chose que la république. Chercher dans des éléments contraires un contre-poids à cette force irrésistible qui entraîne le corps social dans les voies républicaines, serait le livrer à des secousses, à des convulsions horribles dont il ne serait pas aisé de prévoir la fin. Nous n'ignorons pas tout ce que ce nom de république réveille de craintes chez certaines personnes trop préocupées d'anciens souvenirs, comme si nous avions eu un autre forme de gouvernement depuis quinze ans. Le gouvernement tendant toujours à l'unité, tout ce qui aurait pour effet d'entraver le développement nécessaire des principes démocratiques, ferait naître à l'instant une lutte dont la violence serait proportionnée aux moyens de résistance qu'on opposerait. Catholiques, et vous tous, hommes d'ordre et de paix, voilà votre position. Mais ne vous alarmez pas. Car, après tout, ce sera une grande leçon pour ceux qui, après tant d'années d'efforts et de labeurs, n'auront abouti qu'au désespoir et au néant. Vous les avez vus, il y a peu de jours, pleins d'audace et d'intrépidité, diriger le mouvement d'une main sûre ; maintenant, emportés dans une pente rapide, ne sachant à quoi se retenir, étonnés de leur force passée, ils demandent grâce de leur impuissance. Ne vous alarmez pas, vous dis-je, car ceci n'est pas la fin. Regardez l'Europe. Le canon du Carrousel a retenti à Bruxelles. La secousse des Tuileries a ébranlé des trônes lointains. Le despotisme a jeté ses racines sous les palais des rois; et la démocratie grandit aussi en sa présence. L'ordre ne peut renaître que par la victoire de la démocratie sur le despostisme, que par le triomphe de la vraie liberté. Ainsi les peuples se rueront les uns sur les autres; ainsi les nations seront confondues et on oubliera jusqu'à leur nom; ainsi le désordre sera universel. Ensuite, il faudra que tous ces éléments, ces principes d'erreur qui se combattent, soient retranchés de tout ce qui renferme un germe de durée et de vie, et que, livrés à eux-mêmes, ils s'usent, s'épuisent, se dissolvent. L'église, encore enchaînée par mille liens de servitude, les verra, tour à tour, se relâcher, se resserrer, et enfin se briser pour jamais. Et après de longues angoisses, elle se relèvera libre et imposante; et elle appellera à elle tout ce qui est demeuré vierge et tout ce qui a été purifié; et, de toutes ces société jadis ennemies, maintenant rassemblées désarmées autour d'elle, elle formera la véritable société chrétienne, unie indissolublement dans la justice, l'ordre et la liberté.

DEVOIRS DES CATHOLIQUES.

La grande illusion des royalistes était de
croire que du salut de la royauté, en France,
dépendait aussi celui de la religion. Ils s'ima-
ginaient que les doctrines ne font rien et que
les intentions sont tout. De ce que la destruction
de la religion était loin d'être dans la pensée
du pouvoir, ils se figuraient qu'il suffisait de
le vouloir, pour que la religion restât. Ces in-
trépides défenseurs du trône et de l'autel ne
voyaient pas qu'en mettant l'autel dans l'étroite
dépendance du trône, ils finissaient par détruire
la religion pour qui la protection même devient
oppression, et qu'il n'y avait pas de plus sûr
moyen de soulever contre elle cette masse
d'indifférents à qui ils la représentaient comme
l'alliée de l'arbitraire. Il en faut convenir : c'est
se faire une idée bien petite d'une religion divine
que de penser qu'elle a besoin de s'étayer sur
un appui humain. Et maintenant qu'il ne reste
plus de ce trône que des débris, il en est
qui disent que le même coup a renversé la
religion, et ils se réfugient dans leur inertie

comme dans leur dernier asile. Hommes pusillanimes! où sont donc les promesses d'immortalité qui ont été faites aux pouvoirs de la terre? Jésus-Christ, en instituant sa doctrine, lui a-t-il imposé, comme condition essentielle de sa durée, une prétendue alliance avec une politique capricieuse? Qu'ils frappent leur poitrine, et qu'ils confessent qu'il y a quelque chose, dans leur doctrine, qui tue la foi, puisque il leur en reste si peu, à eux qui se disent chrétiens.

Certes, nous concevons un moment d'abattement. Nous concevons qu'un coup inattendu puisse jeter dans la stupéfaction. Il est des revers qui consternent celui-même qui les avait prévus. Mais un chrétien a-t-il sans cesse les yeux penchés vers la terre? a-t-il perdu toute espérance? n'a-t-il plus de droits à soutenir, des devoirs à excercer, de combats à livrer?

Ce qui a égaré un grand nombre de gens de bonne foi, c'est la persuasion où ils étaient que la piété et le caractère personnel du Prince, pouvaient quelque chose sur ce qui se faisait en son nom. De hautes fonctions dans l'état accordées à des membres du clergé; des évêques appelés à de grandes dignités; des cérémonies publiques, tout cela annonçait assez qu'on tenait la religion à honneur. Comment l'état serait-il anti-chrétien sous un roi très-chrétien? C'est ce que disaient certains royalistes, et ce langage suffisait pour les tranquilliser. Mais qui ne sait que le Prince gémissait le premier de certains actes auxquels il était forcé de donner son adhésion, et que son cœur avait plus d'une fois démenti ses paroles ? Quoiqu'il en soit, une méprise de ce genre n'est maintenant plus à craindre, nous l'espérons du moins. Le pouvoir actuel a clairement manifesté ses doctrines. On connaît celles avec lesquelles il sympathise et celles qui lui inspirent des méfiances. La religion le remerciera de son indifférence pour elle. Qu'il lui laisse la liberté, qu'il lui fasse grâce de sa pesante protection, elle ne demande pas davantage. Osera-t-on dire que la religion doit faire alliance avec l'état ? Mais de deux choses l'une : ou l'église abjurera ses maximes, ses doctrines, pour se conformer aux maximes, aux doctrines du pouvoir, ou le pouvoir consentira à abandonner les siennes pour celles de l'église. Lequel des deux espère-t-on ? Entendez bien, vous tous qui vous engourdissez et qui demandez ce qui reste à faire : Voulez-vous consentir ou non avec résignation à l'oppression de l'église ? Eh bien! si vous ne le voulez pas; si ce nom d'église réveille en vous le souvenir de promesses immortelles; si ce mot d'oppression fait murmurer la foi en vous et ranime votre courage, venez défendre avec nous toutes les libertés catholiques; la liberté de votre culte, la libre communication des évêques entre eux, des évêques avec leur chef; la liberté d'association pour vous réunir tous dans le même sentiment, le même asile, la même défense, et, s'il le faut, la même persécution, la même gloire; la liberté d'enseignement, pour élever et instruire vos enfants selon votre foi, vos principes, vos doctrines et pour leur apprendre à défendre les mêmes vérités; la liberté de la presse, sans laquelle toutes les autres seraient illusoires, pour protester énergiquement contre toutes les violations de vos droits et de vos libertés, pour combattre et éclairer ceux qui sont dans l'erreur, pour nous raffermir nous-mêmes dans la justice: voilà ce qui vous reste à faire. Et si notre voix pouvait être entendue des vénérables pontifes de l'église, nous les supplierions aussi de nous devancer dans les voies d'une sainte liberté. Sanctifions cette liberté qu'on avait indignement profanée. Et quel spectacle que celui de ces saints vieillards proclamant la religion vivante sur les ruines des trônes, et ralliant de nouveau les populations autour de la croix avec cette devise : *Dieu et Liberté!*

Telles sont les libertés que les catholiques réclament et qu'on leur a promises. Qu'on les reconnaisse franchement et on ne s'en repentira pas. Certes, ce n'est pas nous qui prêcherons l'insubordination et la désobéissance aux lois. Soumis à tous les régimes que la force des choses amènera, nous ne combattrons le pouvoir qu'autant qu'il attentera à nos droits et à la liberté de l'église. C'est sur cette règle invariable que nous mesurerons ses actes. Qu'on ne touche ni à nos libertés, ni à notre conscience, ni à notre culte, et le pouvoir quel qu'il soit, trouvera en nous plus que la soumission, il trouvera appui, et du reste il le sait bien. Mais qu'il ne tente pas de nous intimider par un nouvel essai du despotisme, et, ce conseil, qu'il ne l'attribue pas à la peur, il est au contraire dans son intérêt.

Le mal, le grand mal est qu'on n'a pas foi au catholicisme. On ne voit pas que si un ordre partiel se maintient encore dans un état livré à des doctrines d'anarchie et de despotisme, c'est au catholicisme qu'on en est redevable. Les libéraux s'attribuent cet ordre. Les anciens royalistes n'y voient que le résultat des habitudes sociales, sans songer que ces habitudes sociales ont leur racine dans les doctrines du christianisme qui vit encore dans les peuples. Ils ignorent, les uns et les autres, que si le catholicisme venait à disparaître entièrement d'une nation, elle retomberait aussitôt dans la barbarie. Si cette vérité leur était démontrée, les premiers désespéreraient de réaliser un ordre quelconque et les autres ne désespéreraient pas de l'ordre à venir. Ce qui vient à l'appui de ce que nous disons ici, c'est le spectacle calme et imposant qu'a offert la population immédiatement après la crise dont nous sortons. Si les

partis voulaient dire leur pensée, ils avoue-
raient qu'ils ne s'attendaient pas à un retour à
l'ordre si subit, si spontané ; les libéraux, parce
qu'ils n'ont pas assez de confiance en leurs doctrines ; les royalistes parce qu'ils se méfient trop
de la puissance du catholicisme. Il y a donc
encore un lien commun, des croyances communes,
un besoin commun qui est celui de l'ordre, de
la tranquillité, de la liberté. Le christianisme
n'est donc pas éteint ; il vit encore dans les
consciences. Qu'on en soit bien convaincu : le
même peuple qui s'est levé hier contre un despotisme de cour, briserait aujourd'hui un despotisme de majorité. Qu'on n'en fasse point l'expérience.

En examinant la direction constante qu'ont
suivie les deux partis, nous les avons vus soumis l'un et l'autre à la double influence des
principes qui se combattent dans la société,
l'ordre et le désordre : l'ordre, sous la notion
du pouvoir et de la liberté ; le désordre, sous
la notion du despotisme et de l'anarchie. Il faut
qu'abjurant de part et d'autre les erreurs qui
détruisent et corrompent ce qu'il y a de bon et
de sociable dans leurs doctrines, les royalistes
et les libéraux se réunissent dans un vœu com-
-mun, qui est l'ordre ; que les uns et les autres
ne séparent pas le pouvoir de la liberté, qui ne
sauraient être unis que par une loi divine de
justice qui oblige le pouvoir à maintenir dans

les peuples la liberté, et les peuples à obéir au pouvoir. Or, tout cela, ils le trouveront dans le catholicisme social.

Nous sommes loin de penser cependant que l'on puisse arriver dès aujourd'hui à l'ordre que nous concevons. Une dure expérience nous apprend qu'il faut des épreuves et de longues épreuves pour instruire les hommes. Mais pendant que les doctrines du mal poursuivent et achèvent leur ouvrage, le catholicisme commence le sien. Que tous ceux que la dernière crise a éclairés viennent seconder son action. Non, le moment de la résignation n'est pas encore venu; c'est le temps d'agir. Qu'ils entendent l'église appeler à elle tous ses enfants, loin de ce qui passe, de ce qui se corrompt, de ce qui meurt, pour les attacher à ce qui est éternel, l'ordre et la liberté. Qu'ils viennent défendre la liberté de l'église qui, à son tour, protégera la leur. Nous l'avouerons : nous ne saurions définir ce qui se passe de pénible et de douloureux au fond de notre âme, lorsque nous voyons, au moment où l'église est obligée de soutenir la guerre la plus terrible qui lui ait jamais été déclarée, des catholiques, d'un haut mérite d'ailleurs, se condamner au silence et à l'inaction sur de vains scrupules de liberté. Qu'ils laissent à ceux qui professent l'erreur, la responsabilité du désordre qu'elle entraîne, et qu'ils comprennent combien est belle et grande l'alliance de la liberté et de la vérité. Oui, certes, on a fait un monstrueux abus de la liberté; eh bien, c'est à eux à montrer, par le généreux et noble usage qu'ils en feront, qu'eux seuls n'ont rien à en redouter et qu'eux seuls en sont dignes. Qu'ils jettent fièrement leur épée dans la balance et elle y fera poids.

Que ceux, au contraire, qui n'entrevoient pas que le terme de leurs doctrines doit être des pleurs et du sang, mais qui, effrayés du mouvement rapide qui les emporte fort au delà du but où ils croyaient s'arrêter, au lieu de chercher dans le lointain des images chimériques de l'ordre qu'ils ont rêvé, se tournent, il en est temps encore, du côté de cette puissance qu'ils avaient méconnue et dont ils ressentent l'invincible action.

Royalistes, vous avez entendu notre voix. Puissiez-vous reconnaître dans notre langage, l'accent de la vérité et surtout l'accent de la charité. Croyez-moi, il est un autre asile pour vous que ce trône brisé, derrière lequel vous vous réfugiez. Dans l'obscurité qui vous environne, vos yeux cherchent encore si quelque fantôme apparaît sur cette place vide. Quittez ce souci. La providence a ses desseins que vous ne connaissez pas. Et que savez-vous si l'ordre renaîtra avec telle ou telle forme de gouvernement, quand et comment il renaîtra ? Ce qui est certain, c'est qu'à une société régénérée, il faudra des éléments régénérés. Rien de ce qui est usé et corrompu ne trouvera place dans cette grande restauration qui sera l'œuvre du catholicisme. Réveillez-vous et servez-vous du présent si vous voulez un avenir. Entrez franchement avec nous dans la liberté et dans la pratique de la liberté. Si vous repoussez la liberté, dites-moi, quel sera votre appui? Vous vous en souvenez : vous avez accusé vos chefs de faiblesse et de timidité. N'avez-vous pas aussi des intérêts, des droits réels, un culte, des libertés à défendre? ne méritez pas le même reproche.

Libéraux, comme vous et avec vous nous avons défendu et nous défendrons la liberté. Vous ne vous méprendrez pas non plus sur nos intentions. Ce que nous avons demandé pour nous, nous l'avons demandé pour vous. Mais si maintenant vos triomphes vous pèsent, si un malaise incompréhensible, si quelque chose d'inconnu vous tourmente et vous presse, n'attendez pas plus long-temps, et voyez autour de vous ce qui vous donnera un peu de force et d'espérance. Ouvrez les yeux à la foi, et bientôt les libertés catholiques que plusieurs d'entre vous, par un pur mouvement de générosité, ont réclamées pour nous, vous les réclamerez pour vous-mêmes, de conviction, comme un bien qui vous appartient et que vous voudrez conserver au prix de l'existence.

Et nous, catholiques, nous enfants de l'église,

jusqu'à ce jour, témoins de la guerre des partis sans y prendre d'autre part que celle de la justice qu'ils ont tour à tour invoquée et délaissée, étrangers aux intérêts et aux haines qui ont divisé les hommes, comme l'église, nous leur ouvrirons nos bras. Et, portant sur nos fronts les marques sacrées du sceau que la religion y a empreinte lorsqu'elle nous affranchit de l'esclavage de ce monde, nous marcherons à la conquête de la vraie liberté. Point de divisions entre nous. Nous ne saurions nous séparer sans cesser d'être ce que nous sommes, catholiques et frères. L'église descendra avec nous dans l'arène, non pour attaquer, mais pour se défendre; non pour renverser, mais pour conserver. Car tout ce qui est contre l'ordre, la viole; tout ce qui est dans l'ordre, lui appartient. Et, si la lutte parait longue et pénible à quelques-uns d'entre nous; si ce qu'il y a dans l'homme de faible et de périssable, succombe sous l'effort des puissances de la terre, ce qui restera de nous, l'église le recueillera dans son sein et l'emportera au séjour qu'elle connaît.